Début d'une série de documents
en couleur

# COMPTE RENDU

## DU

# CONGRÈS SCIENTIFIQUE

## INTERNATIONAL

# DES CATHOLIQUES

TENU A PARIS

DU 1er AU 6 AVRIL 1891

---

LES
### HÉRÉTIQUES DU COMTÉ DE TOULOUSE
DANS LA PREMIÈRE MOITIÉ DU XIIIe SIÈCLE
D'APRÈS L'ENQUÊTE DE 1245

PAR

## M. L'Abbé DOUAIS
Professeur à l'Université catholique de Toulouse

---

## PARIS
### ALPHONSE PICARD, ÉDITEUR
82, RUE BONAPARTE, 82
—
1891

Le *Compte rendu du Congrès scientifique international
des Catholiques* parait en 8 fascicules formant un total de
plus de 2.000 pages.

Le prix du Compte rendu complet est de 20 francs.

Les fascicules ne se vendent pas séparément.

Le *Compte rendu* se vend à l'Institut catholique de Paris,
rue de Vaugirard, 74, et chez M. Alph. PICARD, éditeur,
82, rue Bonaparte.

MACON, PROTAT FRÈRES, IMPRIMEURS

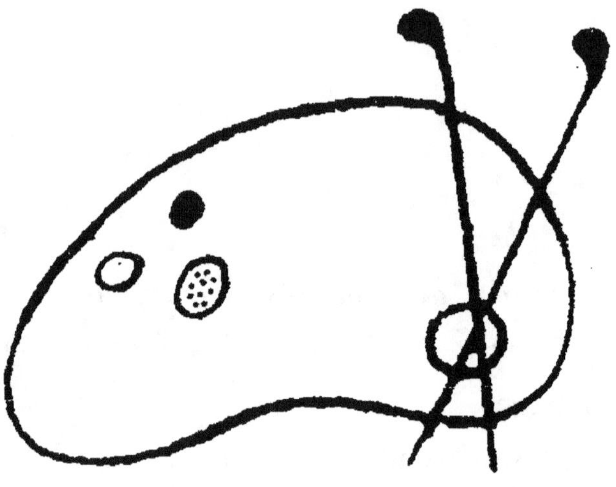

Fin d'une série de documents
en couleur

# LES
# HÉRÉTIQUES DU COMTÉ DE TOULOUSE

## DANS LA PREMIÈRE MOITIÉ DU XIII<sup>e</sup> SIÈCLE

### D'APRÈS L'ENQUÊTE DE 1245

MÂCON, PROTAT FRÈRES, IMPRIMEURS

# COMPTE RENDU

## DU

# CONGRÈS SCIENTIFIQUE

## INTERNATIONAL

# DES CATHOLIQUES

TENU A PARIS

DU 1ᵉʳ AU 6 AVRIL 1891

LES
## HÉRÉTIQUES DU COMTÉ DE TOULOUSE
DANS LA PREMIÈRE MOITIÉ DU XIIIᵉ SIÈCLE
D'APRÈS L'ENQUÊTE DE 1245
PAR
### M. L'ABBÉ DOUAIS
Professeur à l'Université catholique de Toulouse

PARIS

ALPHONSE PICARD, ÉDITEUR

82, RUE BONAPARTE, 82

1891

# HÉRÉTIQUES DU COMTÉ DE TOULOUSE

## DANS LA PREMIÈRE MOITIÉ DU XIII<sup>e</sup> SIÈCLE

### D'APRÈS L'ENQUÊTE DE 1245

La bibliothèque publique de la ville de Toulouse possède au fonds des manuscrits, sous le n° 609, le texte inédit de l'enquête conduite, en 1245 et en 1246, par les inquisiteurs Bernard de Caux et Jean de Saint-Pierre, et dans laquelle ils entendirent, à Toulouse, les habitants de cent six localités appartenant aujourd'hui aux départements de la Haute-Garonne, de l'Aude, du Tarn et de Tarn-et-Garonne [1]. Ce manuscrit (milieu du XIII<sup>e</sup> siècle, papier de coton, 254 feuillets) semble avoir été établi par les soins des Inquisiteurs eux-mêmes sur les minutes des dépositions qu'ils auront fait transcrire peu de temps après l'enquête, dont quelques dépositions sont des années 1247, 1251, 1253 et 1255. L'enquête devait être, en effet, pour eux une source abondante de renseignements utiles, puisqu'elle avait eu pour objet d'informer sur l'état religieux de la partie du comté de Toulouse, plus tard appelée Haut-Languedoc, et encore la proie de l'albigéisme.

Cette enquête n'était pas la première. Parce qu'elle suivit d'assez près le massacre des Inquisiteurs (1242), à Avignonet (Haute-Garonne), quelques auteurs ont cru — et cela paraissait naturel — qu'elle avait eu pour but d'informer contre les auteurs de cet indigne attentat. En réalité, le but fut plus général, le même que celui des enquêtes antérieures souvent mentionnées dans la nôtre et dues à trois inquisiteurs de renom : fr. Ferrier, fr. Willem Arnaud et fr. Etienne de Saint-Tibéri : établir l'état de l'hérésie dans le comté de Toulouse et la vicomté de Carcassonne. Cela ressort de la nature même des dépositions où il n'est guère question que des hérétiques ; cela ressort aussi du plan qui semble avoir été adopté, puisque les Inquisiteurs de 1245 n'appelèrent point les habitants de plusieurs localités importantes entendus par leurs prédécesseurs. Mais les enquêtes de ceux-ci ne nous sont pas parvenues : ainsi le manuscrit 600 de la bibliothèque publique de la ville

---

1. La liste en a été dressée par M. Baudouin, archiviste de Haute-Garonne et placée en tête du manuscrit.

de Toulouse représente dans son espèce le document le plus ancien. Si j'ajoute qu'il est le seul manuscrit jusqu'ici connu et probablement le seul de l'enquête de 1245 qui ait jamais été fait, puisqu'il était destiné à l'Inquisition de Toulouse, j'aurai fait comprendre son prix et son intérêt. Cependant, si quelques érudits l'ont connu [1], il ne s'est encore trouvé personne pour le dépouiller. On peut donner plusieurs motifs de cette indifférence qui ressemble à de l'oubli : d'abord la difficulté de la lecture ; ensuite la longueur d'un document, du reste quelque peu monotone, puisque, comme dans toutes les enquêtes, les mêmes renseignements y reviennent souvent ; enfin et surtout, la réserve, peut-être excessive, que les historiens, depuis Percin [2] et Limborch [3], ont, jusqu'à ces dernières années, mise à étudier l'Inquisition dans le Midi de la France au XIII$^e$ et au XIV$^e$ siècle. Mais voilà de longues années que la question historique est posée. Il n'y a donc qu'à l'aborder avec cet amour désintéressé de la vérité qui convient à l'historien.

Aussi bien, le manuscrit 609 de la bibliothèque de Toulouse mérite d'être minutieusement analysé. On a prétendu que Bernard de Caux et Jean de Saint-Pierre ont entendu de huit à dix mille personnes [4]. C'est une exagération qui prouve qu'on n'a pas étudié de près le document. En réalité, ils ont reçu les dépositions de cinq mille six cent trente huit témoins jurés. Un certain nombre, il est vrai, cinq cents environ, firent des « confessions négatives », dirent ne rien savoir au sujet des hérétiques, pas même les avoir vus. Mais cette donnée a bien son prix. L'ensemble des dépositions affirmatives des cinq mille autres témoins forme un témoignage qu'on ne peut récuser. Il porte sur la période de l'albigéisme qui est comprise entre 1185 [5] et 1245 et embrassant soixante ans. Cette enquête fournit les renseignements les plus abondants sur l'état de l'hérésie dans le nord-ouest du comté de Toulouse, à la fin du XII$^e$ siècle, au commencement du XIII$^e$, avant et après la croisade contre les Albigeois, jusqu'en 1245. Pour le moment je n'en retiens que six points : la distinction des « hérétiques » et des Vaudois, les doctrines des

1. On en trouve une copie dans le fonds Doat (Bibl. nat.), tome 22 à 26. Dumège a donné dans son édition de l'*Histoire générale du Languedoc*, t. VI, *Additions*, pp. 5-9, 13-34, la table plus d'une fois fautive des personnes nobles nommées dans l'Enquête avec la traduction de quelques-unes de leurs dépositions. — M. Dusan a publié les onze premiers folios du manuscrit dans la *Revue archéologique du midi de la France*, t. II (1867). — M. le baron Desazars, *Histoire authentique des Inquisiteurs tués à Avignonet en 1242* (in-8°, Toulouse, Armaing, 1869, extrait de la *Revue de Toulouse*), en a donné quelques courts extraits. — M. Ch. Molinier, *L'Inquisition dans le midi de la France*, pp. 163-195 (in-8°, Toulouse, 1880), a décrit le ms. et essayé de faire connaître son contenu. — M. Aug. Molinier, *Manuscrits de la bibliothèque de Toulouse*, p. 358 (in-4°, Paris, Imp. nat., 1883), a de même décrit le ms.

2. *Monumenta conventus Tolosani*. In-f°, Toulouse, Jean et Guillem Pech, 1693.

3. *Historia Inquisitionis*. In-f°, Amsterdam, Henri Westen, 1692.

4. « Aussi croyons-nous pouvoir conclure à un chiffre total de personnes interrogées véritablement énorme, qui ne serait guère inférieur à huit ou dix mille. » M. Ch. Molinier, *L'Inquisition dans le midi de la France*, p. 190.

5. Ainsi Guilabert du Bosquet rapportait, en 1245, des faits remontant à soixante ans. Fol. 213 A.

« hérétiques », les observances des « hérétiques », l'organisation de la secte, les livres de la secte, les rapports des hérétiques avec la Lombardie.

I. — L'enquête distingue en deux catégories, en effet, les personnes sur la religion desquelles l'information se fait : les « hérétiques », *heretici*, et les « Vaudois », *Valdenses*. De même les doctrines sont de deux sortes : *heresis* et *Valdesia*. Ainsi Pierre Gauta le vieux a, en 1220, vu au Mas-Saintes-Puelles (Aude) « plures hereticos et Valdenses publice stantes [1] », tandis que Pierre Gauta le jeune déclare n'avoir vu ni « hérétiques » ni « Vaudois », *nec vidit hereticos nec Valdenses* [2]. Michel Verger dit qu'entre les années 1220 et 1225 les Vaudois poursuivaient les hérétiques et avoue avoir souvent fait l'aumône aux Vaudois qui allaient de porte en porte demandant la charité, que l'on voyait chanter à l'église et qui n'avaient pas encore été condamnés [3]. Guillemette Cotamer, interrogée « super crimine heresis et Valdesie », reconnaît avoir vu des « hérétiques », mais « de Valdensibus dixit se nichil scire [4]». Pons Amiel, notaire de Miraval (Aude), raconte que sur la place de Laurac-le-Grand (Aude), Isarn de Castres, hérétique de marque, engagea, en 1208, une dispute publique avec Bernard Prim, Vaudois [5]. La femme Isarne, d'Hautpoul, a vu des Vaudois, il y a à peine huit ans, en 1236 [6]. Raymond Biat, de Saix (Aude), n'a jamais vu des hérétiques, mais il a, plusieurs fois, rencontré des Vaudois [7].

---

1. Fol. 12 B.

2. Fol 12 A. De même Pierre Alaman, fol. 13 A, Arnauld Aribert, fol. 13 A, Raymond Bret de Gourvielle (Aude), fol. 64 A, Pons de Latour, fol. 79 B, Pierre Guitard, fol. 143 A, etc.

3. « Michael Verger, testis juratus... dixit quod Valdenses persequebantur dictos hereticos ; et multociens fecit helemosinam dictis Valdensibus, quando querebant hostiatim amore Dei ; et quia Ecclesia sustinebat tunc dictos Valdenses ; et erant cum clericis in ipsa ecclesia cantantes et legentes ; et credebat eos esse bonos homines ; et sunt XXV anni vel XXX. » Fol. 136 A.

4. Fol. 172 A. — De même Villem Bonet le vieux qui était souvent allé à Montségur Ariège), dernier refuge des « hérétiques », interrogé « super crimine heresis et Valdesie », « de Valdensibus dixit se penitus nichil scire. » Fol. 183 B. — De même Pierre Borzes (*ibid.*), Arnaud Boquet, fol. 184 A.

5. « Anno Domini M°. CC°. XL°. V°, nonas decembris, Poncius Amelii senex, notarius de Miravalle, testis iuratus, dixit quod vidit apud Lau[ra]cum in platea Isarnum de Castris, hereticum, disputantem cum Bernardo Prim Valdensem, presente populo ciusdem castri... ; et sunt XXXVII anni. » fol. 198 A.

6. « Anno Domini M. CC° XL°. V°, XI. kls. decembris... Isarna, uxor Bernardi de Casanhers, uxor quondam Bernardi Boerii, testis iurata, dixit... quod vidit Valdenses in domo P. Boerii, mariti sui quondam ; et pluries dictus P. Boerii dedit predictis Valdensibus helemosinam ; set non audivit eos loquentes de iudicio nec de justicia ; et sunt VIII anni, vel circa. » Fol. 234 B.

« Anno Domini M°. CC°. XL° V°, nonas marcii.. Remundus Boisseira, testis iuratus, dixit quod Bernarda Boisseira, uxor eius, fuit pedisseca Valdencium ; set postquam fuit uxor eius, non fecit bonum Valdensibus. » Fol. 248 A.

« Anno et die predictis, Petrus de las Bartes, testis iuratus, dixit quod Galharda Bruna de Castris rogavit ipsum testem quod daret sibi mediam carteriam bladi ad opus duarum mulierum pauperum ; quod et fecit ; et postea audivit dici quod ille mulieres erant Valdenses. » Fol. 248 B.

7. « Anno Domini M°. CC°. XL°. V°, XI kls. decembris... Raimundus Biat, testis iuratus, dixit quod nunquam vidit hereticos nisi captos, nec credidit, nec adoravit, nec aliquid dedit,

Cette distinction des « hérétiques » et des « Vaudois » n'est pas acciden-
telle. Non seulement elle apparaît dans presque chacune des dépositions
nombreuses de l'enquête, mais encore on voit qu'elle était faite et provoquée
par les Inquisiteurs eux-mêmes dont l'interrogatoire portait toujours « super
crimine heresis et Valdesie [1] ». Mais l'enquête ne contient que des indications brèves et très disséminées sur les différences qui les séparaient,
différences dans les doctrines et les pratiques ; elle nous laisse le soin de
les rechercher, de les grouper dans un ordre méthodique.

II. — Les doctrines, d'abord, fournissent un élément important, essentiel.
Beaucoup de témoins en avaient entendu l'exposé et ont dit ce qu'ils en
savaient, en répondant à chacune des questions précises des Inquisiteurs.
Ces doctrines reviennent à six points ; cinq apparaissent constamment dans
l'enquête. C'étaient les principaux dans le système doctrinal des « hérétiques » ; les Inquisiteurs auront négligé les autres comme secondaires ou
de moindre importance. Quelques-uns supposent des théories religieuses et
philosophiques assez compliquées, et chacun d'eux entraînait des conséquences
dont il n'est que trop aisé d'entrevoir le caractère pernicieux. Au commencement même du manuscrit, B. Cogota déclare avoir entendu les « hérétiques » enseigner « de visibilibus, quod Deus non fecerat ea, quod hostia
sacrata non est corpus Christi, quod in baptismo et matrimonio non erat salus,
et quod carnis resurrectio non erit [2] ». Que telles fussent les doctrines des
« hérétiques », on ne peut le mettre en doute : la déposition de B. Cogota se
répète des quantités de fois à peu près dans les mêmes termes [3]. Partout,
c'est le même enseignement, qui est à peu près constant, identique. Les
variantes qu'on y remarque, loin d'atteindre le fond de la doctrine, en découlent.
Je relève ici ces variantes. Willem Dupont, du Mas-Saintes-Puelles (Aude), a

nec misit, nec eorum predicationem audivit. Dixit tamen quod stetit nuncius cum Petro
Martini de Vineis ; et vidit in domo sua aliquando IIII°ʳ Valdenses, aliquando tres, aliquando
duos ; et comedebant et bibebant in dicta domo ; set non audivit eos predicantes ; et sunt
XI. anni, vel circa. Dixit etiam quod ad instanciam Petri Martini, domini sui, dedit per tres
annos dictis Valdensibus quolibet anno unam carteriam bladi. »

« Anno et die predictis, Johannes Cochafu, testis iuratus, dixit quod vidit Gausbertum
de las Crozas et socios suos Valdenses in domo ipsius testis… ; et audivit eos dicentes quod
nemo debebat iurare iuste vel iniuste. Dixit etiam quod dedit dictis Valdensibus unam cami-
siam et unum panerium racemorum ; et sunt VI. anni, vel circa. Item, vidit predictos Valdenses in quadam cabana in nemore de Sancta Frica ; et vidit ibi cum predictis Valdensibus Petrum Martini de Vivers, qui duxerat ipsum testem ibi ; et tunc ipse testis et predictus
P. Martini audierunt predicationem dictorum Valdensium ; et sunt VI. anni, vel circa. »
Fol. 249 A.

1. Fol. 42 A, fol. 63 B, fol. 64 A, fol. 67 A, fol. 68 A, fol. 140 B, etc., etc.

2. Fol. 2 B.

3. Fol. 2 B, fol. 5 A et B, fol. 6 A, fol. 7 B, fol. 8 B, fol. 10 A et B, fol. 11 A, fol. 13 B,
fol. 15 A, fol. 16 A, fol. 21 B, fol. 22 A et B, fol. 32 B, fol. 33 A, fol. 36 A, fol. 43 B, fol. 45 A,
fol. 51 B, fol. 54 A, fol. 55 B, fol. 56 A et B, fol. 58 B, fol. 60 A, fol. 62 A et B, fol. 64 B, fol. 65 B,
fol. 69 A, fol. 71 A et B, fol. 72 B, fol. 74 B, fol. 87 B, fol. 94 A, fol. 96 A, fol. 98 A, fol. 99 B,
fol. 100 A et B, fol. 101 B, fol. 102 A, fol. 110 B, fol. 111 A, fol. 112 A, fol. 114 B, fol. 120 A,
fol. 122 A, fol. 123 A, etc., etc.

entendu les « hérétiques » enseigner « quod Deus non fecit celum et terram [1] » ; Willem Donat, de ce même bourg, « quod Deus non visibilia fecit [2] » ;
P. Lavander et Jean Barthélemy, de Laurac-le-Grand (Aude), « quod Deus
non fecit ista transitoria [3] » ; dame Willelme, de Montgiscard (Haute-Garonne),
« quod omnia visibilia facta fuerant de voluntate et nutu Dei, tamen ipse non
fecerat ea [4] » ; Paul Vital, du Mas-Saintes-Puelles, « quod diabolus fecerat
visibilia [5] » ; Bernard de Montesquieu, de Villefranche (Haute-Garonne),
« quod corpus hominis erat opus diaboli [6] » ; dame Payan, de Maurens (Tarn),
« quod omnes filii sui erant demones [7] » ; dame Gauzie, de Cumiers (Aude),
« quod beatus Joannes Baptista erat diabolus [8] » ; W. Cabiblanc, de
Labécède (Tarn), « quod quando anima exibat de corpore hominis, intrabat
corpora asinorum et querebat salvationem [9] » ; Pierre de Mazeroles, « quod
qualibet anima hominis circuibat tot corpora hominum quousque posset salvari [10] » ; Willem de Villèle de Montesquieu, de Villefranche (Haute-Garonne),
« quod filius Dei non fuit crucifixus, sed quidam latro in figura eius [11] » ; dame
Sabdeline, de Baziège (Haute-Garonne), « quod Deus non faciebat florere, nec
granare, sed terre hoc faciebant per se [12] » ; Etienne de Rosengue, du Mas-
Saintes-Puelles, « quod caro et sanguis regnum Dei non possidebunt [13] » ;
Bernard, du Mas-Saintes-Puelles, « de baptismo et matrimonio quod non proficiunt ad salutem [14] » ; Bertrand de Quiders, « quod in matrimonio non est
salus, et quod ita magnum peccatum fiebat cum uxore propria sicut cum alia
muliere [15] » ; P. Gairaut, « quod matrimonium est lupanar [16] » ; P. Brun,
« quod nullus poterat salvari in matrimonio [17]. »

Ces variantes s'accusent surtout dans la doctrine des « hérétiques » sur la
création ; elles n'altèrent point le principe fondamental de leur enseignement
néo-dualiste, dont il est évident qu'elles découlent. Si Dieu n'a pas créé la
matière, c'est parce qu'elle est mauvaise et que, d'ailleurs, elle est sujette
à la corruption. Si le baptême ne peut rien pour le salut ; si l'hostie consacrée

---

1. Fol. 15 B.
2. Fol. 2 A.
3. Fol. 73 B, fol. 74 A.
4. Fol. 65 B.
5. Fol. 2 A. « W. Arnu audivit hereticos dicentes errores de visibilibus quod diabolus
fecerat ea. » Fol. 150 B. « Bern. de Fresalers... quod diabolus fecerat omnia ista visibilia. »
Fol. 158 A.
6. Fol. 100 D.
7. Fol. 117 B.
8. Fol. 142 D.
9. Fol. 120 A.
10. Fol. 125 A.
11. Fol. 101 A.
12. Fol. 63 B.
13. Fol. 5 A.
14. Fol. 16 B.
15. Fol. 41 B.
16. Fol. 40 A. Ailleurs « quod matrimonium est meretricium ».
17. Fol. 50 B.

ne contient pas le corps du Christ, c'est parce que la matière mauvaise est incapable de coopérer à l'œuvre de la sanctification et de recevoir le saint. Le démon ou principe du mal a donc créé l'univers visible, dans lequel il a enfermé les âmes ; et les époux qui, en procréant les enfants, retiennent les âmes dans les corps, font l'œuvre du démon. Le Christ ne peut donc avoir pris un corps mortel ; un autre est mort à sa place ; les âmes sont sauvées par lui, mais seulement après des pérégrinations nombreuses à travers les corps jusqu'au jour où elles échappent à leur étreinte.

Quoi qu'il en soit, d'ailleurs, de leur rapport logique, il est certain que, d'après l'enquête de 1245, les doctrines des « hérétiques » revenaient à ces propositions essentielles :

1º Dieu n'a pas créé les choses visibles et transitoires, le ciel et la terre, soit que tout ait été fait par une sorte de démiurge, « voluntate et nutu Dei, » soit que le démon en soit directement l'auteur, ait notamment fait le corps de l'homme, soit que la terre produise, par sa propre vertu, la végétation qui la couvre. La création ne peut être l'œuvre de Dieu, car l'être sorti de ses mains ne se corrompt ni ne périt.

2º Le fils de Dieu n'a pas été crucifié, mais un autre à sa place.

3º Le baptême de l'eau ne sert de rien pour le salut.

4º L'hostie consacrée ne contient point le corps du Christ.

5º Le mariage est un vrai concubinage ; et les enfants qui en résultent appartiennent à la catégorie des êtres mauvais.

6º Les âmes passent d'un corps dans un autre jusqu'à leur délivrance.

7º Les corps ne ressusciteront point.

La conséquence pratique de cet enseignement, par rapport à la secte qui le propageait, c'était non seulement qu'on pouvait être sauvé avec les « hérétiques », mais encore qu'on ne pouvait l'être qu'avec eux, « non est salus nisi cum hereticis [1], » et qu'il fallait quitter l'Église pour passer à « l'hérésie ». C'est ce que comprenaient, c'est ce que dirent beaucoup de témoins dont l'esprit n'était pas capable de conceptions métaphysiques, mais qui regardaient les « hérétiques », selon une expression souvent reproduite, comme « bonos homines et veraces et amicos Dei [2] », comme ayant la vraie foi, « habere bonam fidem. »

Les Inquisiteurs ne manquèrent que rarement d'interroger sur ce dernier point, qu'ils distinguèrent de la partie théorique ou métaphysique de la doctrine. On le comprend, puisqu'il s'agissait pour eux de connaître surtout ceux qui repoussaient le sein de l'Église, et de l'Église romaine à laquelle ils opposaient l'hérésie.

Ces doctrines sont bien celles qu'on attribuait aux « hérétiques » du comté de Toulouse. Cela résulte encore de cette particularité que beaucoup de

1. Fol. 87 B.
2. Cf. B. Gui, *Practica inquisitionis*, p. 129. Ed. Douais, in-4º. Paris, Picard, 1886.

témoins assuraient ne les connaître que par l'exposé qu'ils en avaient entendu de la bouche des clercs eux-mêmes, sans spécifier le lieu, les circonstances, ni le but poursuivi par les clercs exposant cet enseignement. Par exemple, Willem de Saint-Nazaire « non audivit eos (hereticos) dicentes errores de visibilibus, nec de aliis sacramentis ; set bene audivit dici a presbiteris quod heretici dicebant quod Deus non fecit visibilia, et quod hostia sacrata non erat corpus Christi, et quod baptismus et matrimonium non proficiebant ad salutem, et quod corpora mortuorum non resurgent [1] ».

On s'imagine, comme naturellement, que c'est du haut de la chaire que les prêtres relevaient et réfutaient de telles erreurs, vraiment grossières. Elles ont, à ne pas s'y tromper, une forte saveur de dualisme, de manichéisme ; elles s'inspirent du principe manichéen que la matière est mauvaise, principe dont elles sont la conséquence directe, dont elles sortent par une déduction rigoureusement logique. La matière étant l'œuvre du principe mauvais, ou même le siège du mal, Dieu ne peut tl'avoir ni créée, ni formée ; le baptême de l'eau ne peut servir de rien ; le corps du Seigneur ne peut être contenu dans un élément matériel, pain ou autre ; le mariage fait participer à l'œuvre de l'esprit mauvais en enfermant les âmes dans la matière ; la chair, enfin, ne saurait d'aucune façon être, par la résurrection, rappelée à la vie. L'univers et l'homme sont sous l'empire du mauvais principe : le mal est partout, tout est mal, excepté la secte qui dénonce l'œuvre du mauvais principe défendu par l'Église romaine.

III. — La plupart des observances en honneur chez les « hérétiques » peuvent, doivent être regardées comme la conséquence, comme l'application pratique de la doctrine.

Les Inquisiteurs ne manquaient jamais de demander à la personne interrogée si elle avait envoyé, ou donné, ou porté quelque chose aux « hérétiques », et quoi. De là, cette formule dans le cas de « confession négative », « nec dedit, nec misit eis aliquid. » Ce n'était pas uniquement pour connaître les accointances des « hérétiques » qu'ils posaient cette question, mais aussi et surtout pour savoir si la personne, ayant envoyé ou reçu ceci ou cela, appartenait ou non à « l'hérésie ». Par exemple, d'autres documents ne nous instruisaient-ils pas sur l'abstinence des viandes pratiquée par les néo-manichéens, ou du moins par les « parfaits » de la secte, que ce but des Inquisiteurs ressortirait nettement de nombreux passages de l'enquête. Ainsi Willem de Mailhorgas, étant malade, s'était fait « hérétiser », expression consacrée au XIII° siècle. Mais à peine se sentit-il mieux qu'il le regretta ; et alors il n'hésita pas à se nourrir de viande, avant de se faire porter à l'albarède de l'abbaye de Boulbonne, où il alla mourir [2]. Bernard, du Mas-Saintes-Puelles (Aude), étant, de conserve avec Willem Palazis, prieur du Mas, son frère,

---

1. Fol. 32 B. Cf. fol. 17 A, fol. 18 B, etc.
2. Fol. 8 A.

parvenu à arracher à « l'hérésie » sa mère et sa sœur, leur donna de la viande
à manger [1]. Aussi, parmi les aliments que les témoins reconnaissent avoir
portés, envoyés ou servis aux « hérétiques », on ne trouve que rarement des
viandes. Ce sont des fruits, raisins [2], noix [3], figues [4], du froment [5], des gâteaux
de froment (*fogassa, fogassia* [6]), du pain [7], des légumes [8], du miel [9], du
vin [10], du poisson [11]. Les « hérétiques » recevaient encore des vêtements, des
étoffes, de la filasse [12], et échangeaient des objets de différente nature. Tel de ces
échanges pouvait être et était purement gracieux ; tel autre n'était pas dépourvu
de toute signification religieuse. Ainsi Pierre, de Rivel (Aude), dit avoir
reçu des « hérétiques » un cordon pour se ceindre, *unum lumbare* [13]. Ils fai-
saient usage d'un vêtement spécial, du moins les *induti*, ainsi nommés
sans doute de la susception et de la prise de ce vêtement particulier et signi-
ficatif. C'était le cas d'Etienne, encore écolier et habitant de Lagarde (Haute-
Garonne). Nous lisons dans l'enquête : « Stephanus scolaris, testis juratus,
dixit quod, cum esset puer, ivit cum hereticis de Monte Esquivo [14] usque ad
Lantar [15], et usque ad Viridifolium [16]; et ipsi heretici fecerunt ipsum testem
fieri hereticum ; et stetit ipse testis indutus habitu hereticali per annum et
duos menses cum dictis hereticis [17]. Cela se passait en 1205 ; l'évêque Foulque,
le premier, en reçut l'aveu. Mais, évidemment, un tel usage ne tomba pas de
sitôt en désuétude. On peut se regarder comme autorisé à penser que si l'on
envoyait des étoffes aux « hérétiques », c'était dans une pensée de zèle et
d'attachement pour la secte. Vêtements particuliers, *vestis hereticalis*, et aliments maigres servaient aux mêmes hérétiques, à ceux qui, étant le plus élevés
en perfection dualiste, s'astreignaient à porter le costume et à pratiquer les
abstinences consacrées [18].

---

1. « Dederunt eis carnes ad comedendum. » Fol. 17 A. Raymond du Fauga, évêque de
Toulouse, s'étant rendu auprès d'Adhémar d'Avignonet, « hérétisé » peu auparavant et alors
malade, lui donna « brodium galline ad bibendum. » Fol. 54 B.

2. Fol. 46 A, fol. 69 B.

3. Fol. 65 A.

4. Fol. 69 B.

5. Fol. 3 A, fol. 46 A, fol. 51 B.

6. Fol. 2 B, fol. 3 A, fol. 6 A.

7. Fol. 6 A, fol. 36 A, fol. 39 A, fol. 41 A et B, fol. 46 A, etc.

8. Fol. 46 A.

9. Fol. 39 A.

10. Fol. 2 B, fol. 3 A, fol. 36 A.

11. Fol. 41 A, fol. 46 A, etc.

12. Fol. 6 B, fol. 59 A, etc.

13. Fol. 50 A.

14. Montesquieu-Lauraguis, Haute-Garonne.

15. Lanta, Haute-Garonne.

16. Verfeil, Haute-Garonne.

17. Fol. 70 A.

18. Parmi les dépositions des habitants du Mas-Saintes-Puelles, on remarque celle-ci :
« P. Amielh, testis iuratus, dixit quod, in domo Poncii Magrefort, vidit Ysarnum de Castras
et socium suum hereticos ; et vidit ibi cum eis P. Galterii senior[em], et Poncium Gasc, et
Garnerium, et plures alios ; et ipse testis et omnes alii adoraverunt ibi predictos hereticos ;

La doctrine des « hérétiques » sur le mariage, qui allait à rien de moins que la ruine de la société, avait, sinon toujours, du moins assez souvent, son application immédiate, au grand préjudice de la famille. L'abandon de l'épouse, l'éloignement du foyer conjugal, la séparation des époux étaient regardés tout à la fois comme une condition préalable pour entrer dans la secte et comme un signe non trompeur de sincérité et d'attachement à l'albigéisme. Ainsi Pierre, de Lagarde (Haute-Garonne), cordonnier de son état, dit aux Inquisiteurs avoir rencontré dans le bois de Guirauld son gendre, Willem de Raissac (Tarn), devenu « hérétique »; « et tunc dictus W. de Raissac, hereticus, monuit ipsum testem quod dimitteret uxorem suam et fieret hereticus [1] ». Ce fait remontait à l'année 1240. La femme Willelme, d'Auriac (Haute-Garonne), avait eu un mari qui était, avant leur mariage, passé à la secte, « set postea fuit celebratum divorcium [2] ». Au contraire, dame Willelme, de Lasborde (Aude), entrée dans la secte dès l'âge de douze ans, en sortit plus tard et se maria, « postea exivit sectam hereticorum et accepit maritum [3]. » Entrer dans la secte, c'était du même coup sortir de la famille; entrer dans la famille, c'était sortir de la secte. Cette doctrine devait conduire à la doctrine odieuse de l'indifférence des actes, que l'on voit se produire de temps en temps. Ainsi Rimengarde, épouse de Pierre de Mazeroles, confessa avoir entendu les « hérétiques » enseigner que l'homme peut être sauvé « cognoscendo unam malierem sicut aliam [4] ».

La négation de la présence réelle sous les espèces eucharistiques non seulement engendrait le mépris de nos saints mystères, mais encore poussait à une communion bizarre. Amelius Bernard, de Miraval (Aude), écolier, raconta avoir entendu deux truans se disputer; « alter dictorum trutannorum dicebat quod ita bonum esset communicare de folio arboris vel de stercore asini, sicut de corpore Christi, solummodo quod fieret bona fide; et alius trutannus redarguebat eum. Et postea ipse testis audivit a Petro Adalberti, puero in ecclesia de Miravalle, quod Johannes Adalberti, pater eiusdem P. Adalberti, communicaverat de quodam folio herbe quando sol obiit seu fuit eclipsatus... Et sunt duo anni, vel circa [5]. »

IV. — Au milieu du xiii<sup>e</sup> siècle, on remarque chez les « hérétiques » la même *organisation intérieure qu'à la fin du* xii<sup>e</sup> *et au commmencement du* xiii<sup>e</sup>. Ils avaient la prétention non seulement de former une église, mais d'être la

et audivit predicationem eorum. Et tunc ipse testis ivit cum eis apud Laurac, et fuit cum hereticis ibi per duos menses ; set non fuit hereticus indutus, nec ieiunavit, nec oravit, nec fecit illas abstinentias quas ipsi faciebant; et post duos menses ipse testis rediit ad domum patris sui. Et sunt XXV. anni, vel circa. » Fol. 13 A.

1. Fol. 70 A.
2. Fol. 96 A.
3. Fol. 114 B.
4. Fol. 96 B.
5. Fol. 198 A. La communion figurative par la manducation d'une feuille d'arbre se rencontre dans les chansons de Geste.

véritable église. On ne voit pas dans l'enquête qu'un chef unique ait été placé
à la tête de la secte. Mais ils reconnaissaient des chefs locaux, des ministres
reliés entre eux par une hiérarchie d'ordre, du reste peu compliquée, établis
pour la prédication et le culte, et soumis à l'élection. L'enquête se tait sur le
prêtre ; elle ne nomme comme ministres que l'évêque et le diacre. Ainsi,
Bernard, de La Mothe (Tarn), est confirmé dans ses fonctions d'évêque par
l'assemblée, *sermo*, tenue à Montesquieu-Lauragais [1]. Pierre de Polha était
l'évêque des hérétiques du Carcassès [2] ; Bernard Martin, Guilabert de Castres
appartenaient également à l'épiscopat albigeois [3]. Isarn de Castres [4], Willem
Vital [5], Raymond Sans [6], Bonfils [7], Bernard, de Merville (Haute-Garonne) [8],
Arnaud Hugues [9], Raymond Willem [10], Willem Ricard [11], Raymont Fortz [12],
Arnaud Pradier [13], etc., sont qualifiés diacres. Ces ministres avaient un titre,
ce semble, c'est-à-dire qu'ils étaient attachés à un lieu déterminé. Ainsi
Bernard de Merville est dit diacre de Montmaur (Aude), de même Raymond
Sans et Bonfils, et Raymond Fortz, diacres de Caraman (Haute-Garonne) ;
Labécède (Aude) avait une maison pour son diacre [14].

Les « hérétiques » comptaient des femmes parmi leurs ministres. Des
femmes apparaissent souvent dans l'enquête, parcourant tout le pays, allant
d'un lieu à un autre et jouissant d'une autorité véritable auprès des membres
de la secte. Elles président des assemblées de femmes hérétiques ; elles font
le « pain bénit » qui est distribué et mangé aussitôt [15]. Elles enseignent la
manière « d'adorer », c'est-à-dire le rite en usage pour « l'adoration [16] » ;
elles en instruisent les enfants [17]. Elles prêchent et reçoivent « l'adoration »
avec la même formule et la même cérémonie que si elle eût été rendue aux
autres ministres [18]. Le nom de diaconesse ne se lit pas une seule fois dans

---

1. Esclarmunda, uxor quondam Poncii Bret, testis iurata... dixit quod semel ivit ad ser-
monem hereticorum apud Montem Esquivum ; et tunc B. de Mota fuit confirmatus in episcopum hereticorum ; et ibi multe domine adoraverunt B. de Mota, episcopum hereticorum. »
Fol. 62 A.

2. Fol. 124 A, fol. 125 A, fol. 126 B.

3. Fol. 174 A, fol. 216 A.

4. Fol. 18 A.

5. Fol. 30 A, fol. 126 B.

6. Fol. 53 B, fol. 54 A, fol. 133 B, fol. 140 A.

7. Fol. 54 A, fol. 133 B, fol. 226 B.

8. Fol. 54 B, fol. 177 A.

9. Fol. 175 B, fol. 229 B.

10. Fol. 103 A.

11. Fol. 174 A, fol. 135 A.

12. Fol. 95

13. Fol. 190 B.

14. Fol. 118 B.

15. Fol. 3 A.

16. Fol. 5 B.

17. Fol. 66 A.

18. « Ipsa testis et dicta mater ipsius testis adoraverunt dictas hereticas ter flexis genibus,
dicendo : *Benedicite, bene mulieres ; orate Dominum pro nobis.*» Fol. 2 B. Cf. fol. 5 A, fol. 7 B,
fol. 11 B, fol. 21 A et B, fol. 30 B, fol. 31 A, fol. 38 A, fol. 47 B, etc.

l'enquête; mais c'est le mot qui rend le plus exactement et fait le mieux comprendre la haute situation reconnue par la secte à ces femmes toujours et uniquement occupées à servir « l'hérésie ».

Les membres de la secte étaient divisés en deux classes : les membres ordinaires, et, à un degré supérieur, ceux qui étaient appelé *induti*. Bernard de Quiders [1], par exemple, Raymonde, épouse de Raymond Gasc [2], appartenaient à la classe des *induti*. On y enrôlait les hommes et les femmes, et tous les âges indistinctement. Il semble même qu'on cherchait de préférence à y faire entrer les enfants. Ainsi dame Segura [3] et dame Comdors [4] avaient été *indutae* dès l'âge de dix ans. Les *induti* montraient le plus grand zèle pour la secte, aux intérêts de laquelle ils étaient absolument dévoués. Ils formaient comme son bataillon d'élite, toujours en avant pour la défendre et travailler à sa propagation. Ils en étaient comme la partie active et militante, décidée à tout et résolue à subir tous les maux et à tout faire pour elle. C'était avec les *induti* que les gens d'église avaient le plus souvent affaire; c'était d'eux surtout que leur venaient les plus grands outrages : Bernard de Quiders, par exemple, souilla de son ordure la couronne (la tonsure) d'un clerc [5]. Les autres ne partageaient pas le même fanatisme et étaient loin de montrer la même fidélité rigoureuse aux observances de la secte.

V. — La secte ainsi organisée, avec la prétention de représenter l'Église véritable, avait ses livres, ses écrits. Il en est plusieurs fois question dans l'enquête. On y parle de pièces écrites, auxquelles on donne le nom de chartes. Par exemple, Saurimonde, de Saint-Martin-de-Lalande (Aude), avait vu « l'hérétique » Raymond Bernard ouvrir une boîte que Raymond Pierre, son mari, portait sur lui, et en retirer des papiers écrits, « quasdam cartas [6]. » Willem le Gascon, notaire de Baziège (Haute-Garonne), avait écrit pour les « hérétiques » des pièces qui furent trouvées dans leurs demeures [7]. Ces écrits, ces *chartes* n'avaient probablement aucun rapport avec la doctrine et le culte de la secte, si nous jugeons du moins de leur nature par d'autres *chartes* dont il est parlé aussi et qui n'étaient que des testaments [8]. Mais, ailleurs, c'est d'un livre des hérétiques qu'il est parlé. Par exemple, Aimersende, de Cambiac (Haute-Garonne), s'était vu confier un livre hérétique du diacre de Caraman, « unum librum hereticorum qui fuerat diachoni hereticorum de Caramanno [9]; » elle avait également détenu le livre de Raymond Fortz,

1. Fol. 3 D.
2. Fol. 22 B.
3. Fol. 20 A.
4. Fol. 20 B.
5. Fol. 3 B.
6. Fol. 34 A.
7. Fol. 59 B.
8. Fol. 95 A, fol. 98 B.
9. Fol. 237 B.

diacre [1], que son mari avait apporté d'Auriac [2]. Les « hérétiques », en effet, avaient des livres qui étaient lus dans les réunions ou assemblées désignées dans l'enquête sous le nom de *sermo*. Ainsi, un *sermo* s'étant tenu dans un lieu, *in quodam manso*, voisin de Montgiscard (Haute-Garonne), Bernard Nizetz y fut introduit au moment où l'un des « hérétiques » lisait dans un livre, « et tunc unus illorum hereticorum legebat in quodam libro [3]. » De même, un hérétique faisait la lecture au moment où Bernard de Laurac entra dans la salle du *sermo* du Castlar, près de Montgaillard (Haute-Garonne) [4]. A la manière pressante dont les chefs « hérétiques » tâchaient de décider leurs gens à aller chercher et à leur porter le « livre » qu'ils avaient laissé chez une personne sûre [5], on sent que le « livre » jouait un grand rôle. Et, en effet, il fournissait le thème de la « prédication hérétique ». Ainsi, les « hérétiques » s'étant rencontrés à Labécède (Aude), formèrent une assemblée en 1231 ; un clerc, Willem Raymond, dit notre enquête, « tenebat in manu quemdam librum ubi legebat, et dicti heretici exponebant quod ipse legebat predicando [6]. » D'ordinaire, la lecture dans ce livre précédait toute prédication [7]. Ce livre servait encore pour l'initiation, pour donner la paix ; on le posait sur la tête de l'initié, après en avoir lu un passage. Ainsi Bernarde, femme de Willem, disait avoir vu les « hérétiques » dans sa maison où la maladie de son mari les avait amenés ; elle ajoutait : « Set non hereticaverunt eum, nec legerunt aliquid supercaput ejus [8]. » Elle répondait évidemment à une question des inquisiteurs. La formule « recepit pacem ab hereticis, vel a libro eorum [9] » revient assez souvent. Ce livre est une seule fois, dans toute l'enquête, nettement désigné : c'était le livre des Epîtres et des Evangiles. C'est le témoin, Guillaume Gasc, de Saint-Germier (Haute-Garonne), qui a éclairci ce point important [10]. On pense comme naturellement au Nouveau Testament cathare en langue provençale, que M. Clédat a publié en fac-simile d'après le procédé Lumière [11]. D'après M. Léopold Delisle, le manus-

1. Fol. 239 B.

2. Fol. 240 A. Les Inquisiteurs demandaient quelquefois aux témoins s'ils n'avaient pas détenu les livres des « hérétiques ». Fol. 88 A.

3. Fol. 68 A.

4. Fol. 68 B. Quelquefois le livre était lu devant deux ou trois hérétiques seulement. Fol. 87 B.

5. Fol. 122 A.

6. Fol. 121 A.

7. Fol. 114 A.

8. Fol. 39 B.

9. Par ex. fol. 49 B, fol. 230 B.

10 .« Dixit quod alia vice, cum ipse testis vellet ire ad nemus operari, invenit in via duos homines quos postea didicit ab eisdem esse hereticos ; et dicti heretici fuerunt secuti ipsum testem usque ad locum ubi volebat operari ; et rogabant ipsum testem ut diligeret eos et quod auscultaret Epistolas et Evangelia ; et ipse testis respondit dictis hereticis quod recederent ab ipso et demitterent eum, quia nichil volebat audire ab eis. » Fol. 175 B.

11. *Le Nouveau Testament traduit au XIII° siècle en langue provençale, suivi d'un rituel cathare.* Reproduction photolithographique du manuscrit de Lyon publiée avec une nouvelle édition du rituel, par L. Clédat, professeur à la Faculté des lettres de Lyon, exécutée par MM. Lumière frères, d'après leur procédé, tirée par Storck. In-8°. Paris, Leroux, 1877, XXVI — 482 pages.

crit est du milieu du XIIIe siècle, et la traduction en langue provençale appartient à la région de notre enquête. C'est, du moins, l'avis de M. Foerster et de M. Chabaneau [1]. Elle « présente en grand nombre, a dit celui-ci, des traits dialectaux propres à la région qui comprend, en effet, l'Aude et le Tarn, et, partiellement, la Haute-Garonne et l'Ariège, région qui est justement celle où les Albigeois étaient le plus répandus [2] ». Si le manuscrit que nous en avons est du milieu du XIIIe siècle, on ne peut pas dire que la traduction ne soit pas plus ancienne. Il est, du moins, certain qu'elle est sortie du milieu décrit par l'enquête de 1245. Probablement elle est due à l'un des « évêques » ou des « diacres » de la secte dont j'ai déjà reproduit les noms.

On trouvera peut-être que les renseignements fournis par l'enquête sur les doctrines, les pratiques, l'organisation intérieure et les livres des « hérétiques », sont parcimonieux. Je ne crois pas me faire illusion : à mon humble avis, ils ont du prix. Si plusieurs se trouvent déjà dans d'autres documents, ils sont ici pris sur le vif; l'enquête nous permet de pénétrer dans le secret même de la secte, qui s'y révèle par son propre aveu. Ainsi nous la connaissons autrement que par les écrits de controverse de l'époque. Ces renseignements ne peuvent qu'être fort utiles pour établir les liens de parenté entre les « hérétiques » et les nombreuses sectes du XIIe et du XIIIe siècle. Mais, auparavant, ne négligeons pas de relever une donnée que placeront en bon lieu ceux qui ne sont pas indifférents aux raisons géographiques.

VI. — Les témoins dont les dépositions ont été consignées dans l'enquête n'ont jamais manqué de désigner le nom, le lieu d'origine ou le domicile des « hérétiques » qu'ils avaient « vus, connus, accompagnés, conduits, entendus », etc. Les lieux nommés, villes, villages, bourgs, hameaux, appartiennent pour la plupart à l'ancienne province du Languedoc. De temps à autre, cependant, certains « hérétiques » sont qualifiés de « passants » *peregrini*[3], « d'étrangers », *extranei*[4]; parmi ces « étrangers », il y a des femmes, *mulieres extranee*[5]. Si l'on connaissait la patrie de ces « étrangers », ou du moins le lieu d'où ils arrivaient avant de se rendre auprès des « hérétiques » du comté de Toulouse qui les traitaient avec honneur, on connaîtrait leurs relations extérieures, et peut-être pourrait-on alors établir avec précision leur filiation religieuse. Or, une seule contrée autre que l'ancien Languedoc est nommée, c'est la Lombardie; et ce qu'on nous dit à cette occasion montre que les rapports entre Milan et Toulouse étaient constants, journaliers. Ainsi Raymond Pierre, de Saint-Martin de Lalande, avait vu son frère, Raymond Bernard, « hérétique, » quand il vint de Lombardie pour revendiquer sa part

1. *Ibid.*, p. IV.
2. *Ibid.*, p. IV.
3. Fol. 36 A.
4. Fol. 16 A.
5. Fol. 36 B.

de l'héritage paternel[1]. En 1240, Bernard Delplas revint de Lombardie et apporta des nouvelles des « hérétiques » ultramontains[2]; Bertrand de Quiders, d'Avignonet, avait rencontré à Asti en Lombardie « l'hérétique » Raymond Imbert, de Moissac; ils avaient ensemble parcouru une partie du pays[3]. Quand quelqu'un arrivait de Lombardie, la nouvelle s'en répandait vite et l'on s'empressait de venir prendre langue avec lui[4]. Pierre Bernard, de Lasbordes, donna commission, en 1231, pour faire venir de Crémone trois sœurs hérétiques, Die, Willelme et Pétronille[5]. En 1220, Raymond du Verger avait payé Etienne Donat, de Montgaillard-Lauragais, pour qu'il allât à Milan chercher les « hérétiques » qu'il lui désigna, et il les conduisit jusqu'à Las Bordes, près de Castelnaudary[6]. Ce Raymond du Verger avait habité la Lombardie pendant plusieurs années. En repartant pour Toulouse, il avait laissé son avoir, ses valeurs, entre les mains des « hérétiques » qui, en 1227, refusèrent de rendre ce bien[7], sous le prétexte, sans doute, qu'il appartenait à la secte.

Les relations des « hérétiques » du comté de Toulouse avec ceux de la Lombardie, déjà connues, sont donc historiquement confirmées par l'enquête de 1245[8]. Or, les sectes dissidentes de la Lombardie étaient nombreuses : secte des Arnaudistes, secte des Humiliés, secte des Amalriciens, appelée aussi secte du nouvel esprit, secte du libre esprit, secte des Vaudois ou Pauvres Lombards, secte des Ortlibiens, peut-être secte des Tortolani. Ces deux dernières sectes doivent, ce semble, être rattachées à la secte plus importante et plus large des Vaudois, dont elles se seraient séparées. C'est en 1173 que les Vaudois commencèrent, avec Valdès ou Valdo, à apparaître à Lyon. Jusqu'en 1218, ils formèrent une seule secte qui se propagea jusqu'en Italie. Des dissentiments cependant ne tardèrent pas à se produire. La conférence tenue à Bergame, en 1218, eut pour but de les faire disparaître. C'est le résultat opposé qui fut obtenu. La secte se divisa en deux branches : les Vaudois et les Pauvres Lombards; et ces derniers adressèrent à ceux d'Allemagne une lettre pour leur annoncer la rupture[9]. Les « hérétiques » du comté de

1. Fol. 34 A.
2. Fol. 125 A.
3. Fol. 140 A.
4. Fol. 190 B.
5. Fol. 115 B.
6. « Dixit [Stephanus Donat] quod... vidit Rdum del Verger, W. del Soler et socios suos, hereticos, apud Montem Gualhardum publice stantes per villam; et tunc Rdus del Verger, hereticus, rogavit ipsum testem quod iret [in Lombardia et adduceret inde Geraldum de Mota et Geraldum de Mossolencs; et dictus Rdus del Verger daret ipsi testi XV solidos Tholosanos et unum balandran. Quod et fecit; et ivit cum dicto teste Petrus Garig, nepos dicti Bdi del Verger, usque ad Lombardiam apud Milas. Et tunc ipse testis et P. Gari[g] adoraverunt dictos hereticos in Lombardia, et in via quando veniebant; et comedebant et bibebant cum ipsis. Et adduxerunt eos usque ad las Bordas ultra Castrum Novum Darri; et sunt XXV anni, vel circa. » Fol. 43 A.
7. Fol. 44 B, fol. 45 A.
8. Ces relations continuèrent pendant tout le XIIIe siècle et plus tard encore.
9. Dr Karl Müller, *Die Waldenser und ihre einzelnen Gruppen bis zum Anfang des 14 Iahrhunderts*, pp. 21-51. In-8°, Gotha, Perthes, 1886.

Toulouse ont précédé les Vaudois de quatre-vingts ans au moins. Le synode ouvert dans cette ville, le 8 juillet 1119, et présidé par le pape Calixte II, les condamnait déjà [1]. Ils ne peuvent donc pas leur être rattachés. Du reste, si si l'on rapproche les doctrines des « hérétiques » du midi, leur organisation religieuse et leurs pratiques, des doctrines, de l'organisation et des pratiques des Vaudois, on voit, à ne pas s'y tromper, qu'ils doivent être distingués, bien qu'il y ait mélange au commencement du XIIIe siècle, ou que, du moins, on les rencontre dans les mêmes contrées. Dans l'enquête, les doctrines des « hérétiques » ont, comme nous l'avons vu, un caractère métaphysique très prononcé. Bernard Gui [2] et David d'Augsbourg [3], deux historiens certainement éminents, attribuent aux Vaudois des doctrines plutôt morales, tendant avant tout à cette réforme des mœurs qui travaillait les bons esprits de l'époque. En fait de ministres, ils reconnaissaient des évêques, des prêtres et des diacres, avec un « Majoral » à leur tête [4] ; ils n'hésitaient pas à se nourrir de viande, etc. Il est vrai que B. Gui semble, dans une formule de pénitence, identifier les « hérétiques » et les Vaudois : « heretici seu Valdenses », dit-il. Mais cette manière de parler s'explique et ne peut faire ici une difficulté. Les « hérétiques » et les Vaudois avaient des pratiques communes, par exemple des jeûnes fréquents, des visées communes aussi, par exemple, la réprobation de l'Église romaine. B. Gui dit très nettement que les deux sectes s'étaient quelque peu mélangées tout en restant distinctes : « Sic itaque multiplicati super terram disperserunt se [Valdenses] per illam provinciam et per partes vicinas et in confinibus Lombardie, et separati ac prescisi ab Ecclesia, cum aliis hereticis se miscentes et eorum errores bibentes, suis adinventionibus hereticorum antiquorum errores et hereses miscuerunt [5]. » Pratiquement, il devait être facile de les confondre, au moins après la condamnation des Vaudois par l'Église ; de là, cette manière de parler qui ne peut plus étonner « heretici seu Valdenses ».

Ainsi, pour résumer ces trop brèves indications fournies par l'enquête, nous pouvons énoncer cette triple conclusion : 1° les « hérétiques » du comté de Toulouse doivent être distingués des Vaudois, auxquels ils ne peuvent être rattachés, mais avec lesquels cependant ils avaient des pratiques communes ; 2° les « hérétiques » du comté de Toulouse doivent être rattachés à ceux de la Lombardie, et ici aux Cathares ou Néo-dualistes ; 3° cependant leur autonomie, leur organisation, leurs visées locales permettent d'y reconnaître une unité puissante parmi les nombreuses sectes Cathares.

1. Hefelé, *Histoire des conciles d'après les documents originaux*. Trad, Delarc, VIII, p. 149.
2. *Practica inquisitionis*, pp. 244-257. Éd. Douais, Paris, Picard, 1886.
3. *Tractatus de inquisitione hereticorum*. Éd. Preger, in-4°, München, 1878.
4. *Practica*, p. 42.
5. *Ibid.*, p. 245.

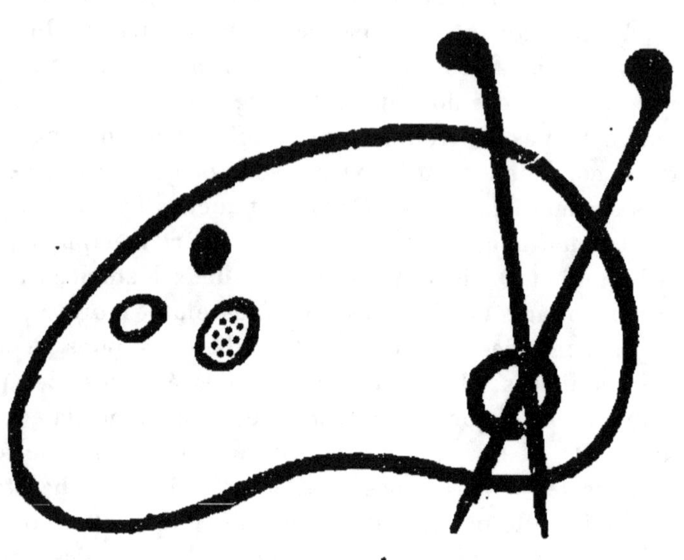

Original en couleur

NF Z 43-120-8